10 Brumaire an 2

****

RAPPORT

DES

OPÉRATIONS FAITES A VANNES,

PAR

PRIEUR (DE LA MARNE),

REPRÉSENTANT DU PEUPLE,

AVEC MARC-ANTOINE

JULLIEN,

COMMISSAIRE DU COMITÉ

DE SALUT PUBLIC

DE LA CONVENTION NATIONALE.

UNE régénération heureuse vient de s'opérer dans la ville de Vannes : il importe que les circonstances, qui ont précédé et suivi cette régénération, soient connues, et que bientôt elle

A

puisse être commune au département du Morbihan tout entier. Le devoir d'un bon citoyen est de proposer à ses concitoyens les exemples qu'ils doivent suivre : je vais offrir pour modèle celui des habitans de Vannes aux habitans du Morbihan. Le devoir d'un représentant du peuple est de soumettre sa conduite au peuple : je vais rendre mes opérations publiques, et le peuple en sera juge.

Je me trouvois à Brest avec deux de mes collègues, occupé du soin de notre escadre, quand tout-à-coup on nous apprend que les rebelles de la Vendée, après avoir passé la Loire se répandent dans la ci-devant Bretagne, et que Vannes est menacé.

Nous ne songeons qu'à nous porter là où le péril est le plus imminent; mais la flotte et la frontière réclament encore notre présence, mes deux collègues restent, et je brigue l'honneur de voler au milieu des troupes républicaines combattre les ennemis de la liberté.

J'arrive, après avoir réveillé sur ma route, à Landerneau, Faouët, Châteaulin,

Quimper, Quimperlé, Hennebond, le zèle des soldats citoyens; et des cohortes nombreuses, levées à la voix du danger de la patrie, doivent suivre mes traces. La crainte et l'éloignement avoient grossi les faits: je m'attendois à trouver tout en feu, je trouve tout tranquille; je croyois n'avoir que des ennemis à combattre, je ne vois que des amis et des frères à embrasser. Je ne veux pas néanmoins que mon arrivée dans ce pays, soit inutile pour le peuple, et je regarde autour de moi ce qu'il importe de faire pour lui.

Je vois une administration de département couverte encore de la lèpre du fédéralisme, des autorités constituées favorisant l'inexécution de la loi, le peuple opprimé et trompé, le fanatisme tout-puissant, les prêtres et les demi-riches, les bourgeois, les petits marchands, pressurant la classe des Sans-Culottes et des pauvres, comme autrefois les négocians millionnaires et les nobles cuirassés de leurs droits féodaux. Les contre-révolutionnaires, ou les modérantistes dominent;

les patriotes, les républicains sont réduits au silence. Les magistrats nommés par le peuple, appelés à le protéger et le servir, le vexent et le tourmentent.

Le peuple souffre. Tout respire la tristesse et l'infortune publique; les rues sont muettes, les accens de la liberté ne se font point entendre; le pauvre se cache pour verser des larmes. Le despotisme de la richesse et du rang offre encore la hideuse image de l'ancien régime. La constitution royale de 1789 paroît seule être suivie, on croit voir encore la différence des citoyens actifs et non actifs. La garde nationale est peuplée de parens d'émigrés, de riches aristocrates, de réfractaires à la constitution républicaine. Deux cens personnes seulement l'ont acceptée, le peuple a été repoussé des assemblées publiques. L'égoïsme règne dans les villes, le fanatisme désole les campagnes: les prêtres insermentés sont protégés, les décrets de la convention foulés aux pieds, les assignats méconnus, l'agiotage et l'accaparement impunis, la contre-révolution triomphante,

Je me promets à moi-même de ne point m'éloigner que le peuple ne soit vengé, le règne des contre-révolutionnaires détruit, les Sans-Culottes tout-puissans, que la révolution ne soit faite. Car ici n'a point été renversée la bastille, ici n'a point été fait le siége du palais d'un tyran; ici des victimes n'ont point été immolées à la liberté, et cette forte secousse, nécessaire pour arracher les ames de leur assiette, pour relever la classe long-temps pressurée de son abattement, pour asseoir le nouveau régime, n'a point eu lieu. La république est à créer, la révolution est à faire.

Je prépare mes opérations dans le silence, et je me hâte lentement pour que ma marche soit plus sûre.

Le républicain MARC-ANTOINE JULLIEN, commissaire du comité de salut public de la convention nationale, qu'avoit détaché dans cette ville mon collègue TRÉHOUART, s'associe à mes travaux, et me seconde dans l'exécution du dessein que j'ai formé. Nous recevons d'abord la visite des corps constitués, dont l'aspect seul annonce des coupables qui redoutent la vengeance de la loi prête à les frapper. Visage froid, air apprêté, patriotisme contraint, nous ne reconnoissons aucun des aimables traits de nos bons Sans-Culottes : nous attendons avec impatience le moment où nous aurons la visite du peuple.

Le soir, nous nous rendons à la société populaire : le peuple ne s'offre point à nous. Quelques bourgeois, admis à raison de trente sols par mois, réunis aux membres des autorités constituées, composent le club : les Sans-Culottes, dont la richesse est dans le patriotisme, n'y trouvent point d'accès. Qu'y viendroient-ils faire? S'égarer, se corrompre.... Le feuillantisme en est l'essence; on n'ose pas avouer une complicité manifeste avec les conspirateurs, mais on invoque pour eux la clémence et le pardon. On s'oppose à la destitution de magistrats dont on veut justifier le crime en le qualifiant d'erreur. Tous ont été de bonne foi, les intentions ont été pures, l'égarement seul a présidé à leurs démarches; et cependant, s'il n'eût tenu qu'à ces hommes, la république étoit dissoute, la France étoit la proie des tyrans. JULLIEN et moi nous parlons dans cette assemblée, moins pour ceux qui la composent, que pour le petit nombre des Sans-Culottes que la curiosité a pu attirer autour d'elle.

Je m'étends sur les complots du parti fédéraliste ; sur la criminelle erreur des magistrats du peuple, qui en servant le fédéralisme, ont trahi le peuple et servi les rois étrangers.

Je montre quelle étoit la boussole qui pouvoit diriger ceux qui ne savoient à quoi se reconnoître dans le vaste océan d'incertitudes où ils étoient jettés. Il étoit un fil bien facile à saisir qui pouvoit les conduire hors du labyrinthe. Deux partis s'étoient montrés dans la convention nationale : l'un avoit voté la mort du tyran assassin du peuple, rejetté l'appel au peuple et le sursis ; l'autre avoit voté le sursis et l'appel, et rejetté la mort du ci-devant roi. Dans l'ignorance des détails de tous les faits particuliers, ce fait principal suffisoit seul pour asseoir l'opinion des vrais patriotes. Ceux qui, chargés par le peuple de veiller à ses intérêts et d'étudier pour lui les évènemens politiques qu'il ne peut voir que par leurs yeux, n'ont pas su démêler la vérité, et, par l'influence d'une opinion funeste et dangereuse, ont trompé le peuple et trahi ses intérêts, sont ou des imbécilles ou des traîtres. Dans l'un et l'autre cas, ils doivent être déchus de leurs fonctions, et réputés au moins pour quelque temps, incapables de gérer les affaires publiques. Ce raisonnement paroît frapper quelques esprits. La vérité commence à briller et le voile qui avoit obscurci tous les yeux se dissipe. Dans trois séances successivement, je m'attache à ramener le peuple de l'erreur, à le tirer de sa profonde léthargie ; j'éclaire, j'électrise son patriotisme. Le succès de mes efforts est plus rapide que je n'avois eu lieu de l'espérer, et chaque jour les assemblées plus nombreuses m'offrent un plus grand nombre d'hommes égarés à convertir.

Je m'adresse sur-tout à la classe des Sans-Culottes, des pauvres, que je rappelle à leur dignité, à leurs droits. Ils reconnoissent en moi leur ami, bientôt je deviens le confident de leurs peines.
C'est

C'est dans mon sein qu'ils viennent épancher leurs chagrins secrets, qu'ils déposent l'aveu des oppressions dont ils sont victimes. Repoussés avec dédain par la morgue administrative et municipale de leurs magistrats, ils s'adressent à leur représentant. Ils demandent justice, elle leur est promise ; ils l'auront.

Les mères et les femmes de nos braves volontaires, réduites à la mendicité, se plaignent de l'inexécution du décret qui leur accorde des secours. Le sang de leurs époux et de leurs fils coule sur la frontière pour la défense de la patrie ; et quand la patrie juste et généreuse a voulu pourvoir à leur subsistance, au mépris de la loi, elles n'ont rien reçu encore, elles meurent de faim, et n'ont pas même de quoi nourrir leurs enfans au berceau. Si elles se présentent à la maison commune, qui devroit être un asyle ouvert à tous les malheureux, on rejette leurs prières, on leur dit : *Si vos maris et vos enfans avoient eu les vertus domestiques, ils auroient resté près de vous pour vous soulager.* Eh ! depuis quand les vertus domestiques doivent-elles exclure l'amour de la patrie ? ou plutôt, comment peut-on les supposer, là où l'amour de la patrie n'est point avec elles ? depuis quand les magistrats du peuple sont-ils assez déhontés pour prêcher au peuple le mépris et l'oubli de ses devoirs les plus saints, pour tourner en dérision le dévouement sublime des défenseurs de la liberté ?

De bons Sans-Culottes m'entourent; ils m'apprennent qu'ils ont été rejettés des assemblées populaires, de la société même qui devoit ouvrir son sein au peuple et n'exister que par lui, qu'ils ont été la proie de l'agiotage toléré par l'administration, que leurs magistrats ont eux-mêmes été des accapareurs d'argent, que des femmes de municipaux et de receveurs avoient pour *une pièce de vingt-quatre sous*, au marché, ce que ne pouvoient avoir pour *neuf livres en assignats* les femmes de la classe des pauvres. Dans le même temps, l'incurie administrative laissoit les prêtres, les moines et les nobles circuler librement dans les campagnes, empoisonner de leur haleine infecte, l'air pur des simples hamaux, et colporter le venin du fanatisme. Dans le même temps, on envoyoit à Paris contre les jacobins et la montagne, les citoyens égarés que réclamoit le danger plus rapproché de la Vendée, fumante encore de l'incendie de nos villes et du sang de nos frères. Dans le même temps, on favorisoit par une négligence plus que suspecte, les conjurations de l'intérieur qui se lioient aux projets hostiles des puissances étrangères. Ainsi le peuple étoit sacrifié par ceux-là mêmes qui devoient s'occuper de son salut. Je prends des renseignemens détaillés sur la conduite des autorités constituées en général, des informations exactes sur la conduite particulière des individus. Je confronte les opinions isolément recueillies pour avoir dans leur résultat une idée précise de l'opinion publique. Elle s'épure et se régénère, à mesure que les Sans-Culottes me voient et s'élèvent à la pensée de leurs droits.

Ils disent la vérité sur leurs magistrats, dès qu'ils n'ont plus à les craindre et qu'un espoir leur est offert. J'ai, dès le troisième jour, la liste d'un assez grand nombre de patriotes sûrs, pour former une bonne municipalité, je convoque une assemblée du peuple, et je la proclame. Des applaudissemens unanimes sanctionnent mon choix qui n'étoit que celui des bons citoyens. La sanction du peuple, apposée aux élections que je lui propose, lui montre que ce n'est pas moi, que c'est lui seul qui nomme ses magistrats, et ils en sont à ses yeux plus dignes de sa confiance.

Chaque jour de nouvelles troupes de réquisition arrivent. Les soldats de Quimper entrent dans les murs de Vannes, en chantant l'hymne de la liberté, la carmagnole, et leurs bouches répètent à l'envie le cri de *Vive la Montagne*.

L'aristocratie tremble dans ses plus secrets repaires. Le Sans-Culotisme commence à prendre quelque énergie. Un scrutin public et sévère, fait en pleine assemblée du peuple par tous les citoyens sur eux-mêmes, sur les individus désignés pour devenir leurs magistrats, contribue encore à républicaniser l'opinion, et ce bon peuple, si long-temps malheureux, s'ouvre à des jouissances qui lui étoient inconnues. Il paroît apprendre pour la première fois qu'il est souverain.

Au milieu de nos civiques travaux, une pauvre citoyenne s'adresse à moi. Elle me prie d'être le parrain d'un jeune enfant né dans la misère, mais né dans une famille de Sans-Culottes, dont le père est au nombre des soldats de la patrie. Je ne puis refuser. Les représentans du peuple, vraiment dignes de la confiance populaire, ne sont-ils pas les pères des pauvres ? je donne au républicain nouveau né le nom de *Marat-Montagne* pour consacrer, dans le calendrier des hommes libres, et la montagne sainte, conservatrice de la république et de la liberté, et le membre le plus calomnié de cette montagne qui périt martyr de son attachement à la cause du peuple. Au sortir du baptême civique, nous allons chez la mère de l'enfant, citoyenne malheureuse plongée dans la dernière indigence. Une chambre obscure, un lit à moitié renversé que couvrent des haillons, une femme en proie à la douleur et incertaine, au moment où son enfant voit le jour, si son mari ne reçoit pas la mort ; tel est le spectacle qui frappe nos yeux. Je lui remets son fils. Qu'il imite son père, et soit digne du nom qu'il vient de recevoir. Instruisez-le aux vertus républicaines, il sera toujours assez riche. Je la console, je l'encourage. La cabane du pauvre est aussi le poste du représentant du peuple. Je sors après avoir porté quelqu'adoucissement dans la retraite de l'infortune. Je me rends au milieu du peuple qui commence à se développer, à s'épanouir, à s'ouvrir aux plus heureuses espérances que j'ai promis de ne point tromper. De nouvelles séances sont consacrées à faire encore ressortir le crime des magistrats qui doivent être frappés de destitution, et l'opinion se mûrit peu-à-peu et sanctionne d'avance les opérations que je prépare. Le mot de patrie n'est plus inintelligible pour le peuple. Il croit s'enrichir en se dépouillant pour elle. Des dons patriotiques sont offerts : les uns déposent des sabres, des fusils, des pistolets, pour armer les braves soldats de la liberté ; les autres apportent à l'envie des couronnes, des fleurs de lys, des croix, des signes odieux du royalisme, de la féodalité, de la superstition et du fanatisme conservés par ceux qui toujours espèrent le retour du régime détruit.

Une statue d'un saint espagnol, de l'ex-dominicain *Vincent*, étoit placée sur une des portes de la ville, et le charlatanisme sacerdotal avoit persuadé à la crédulité populaire que cette statue avoit la vertu d'empêcher les inondations de la rivière du Morbihan. Quelques soldats ont voulu faire l'essai de cette assertion monacale, et la statue a été renversée. La rivière n'a point débordé, le peuple a ri du mensonge des imposteurs qui l'avoient abusé, et, par délibération prise en assemblée publique, on doit substituer à *Vincent* un bon Sans-Culotte, couvert du bonnet rouge, tenant d'une main une pique, et de l'autre une couronne avec ces mots : *le peuple la donne*. Et la porte et la rue auxquelles *Vincent* avoit donné son nom, seront désormais appelées la porte et la rue des Sans-Culottes. Ainsi nous verrons par-tout les signes chéris de la liberté succéder aux sinistres emblêmes de la superstition et du fanatisme, et bientôt en tous lieux s'élévera l'arbre sacré, symbole de celui qui doit sous ses rameaux civiques, embrasser tous les François devenus frères.

Déjà les évènemens de Vannes étoient connus hors de ses murs, et l'influence de l'exemple se faisoit sentir dans le reste du département. Une fête patriotique a été préparée à Auray pour la brûlure solemnelle de tous les titres féodaux et parchemins nobiliaires qui subsistoient encore. La commune et la société populaire m'écrivent et m'invitent à me rendre dans leur sein, pour assister à leur fête. Je devois installer la municipalité nouvelle et je ne puis m'éloigner. Mon ami JULLIEN se charge de me suppléer. Il se rend à Auray; c'est lui-même qui nous fait, à son retour, dans l'assemblée du peuple, le récit de la fête dont il vient d'être témoin.

Il avoit plu le matin, de noirs brouillards obscurcissoient l'horison, et la journée s'annonçoit sous les plus tristes auspices; mais, sur le milieu du jour, le ciel s'éclaircit, le soleil long-temps éclipsé sort du sein des nuages, brille
de

de tout l'éclat de ses rayons, et la nature elle-même indique l'heure de la fête. On se réunit, femmes, enfans, vieillards, gardes nationales, corps constitués, dans une vaste esplanade. Au milieu, paroît un bûcher où sont entassées de vieilles paperasses qui servirent autrefois de pâture à l'orgueil de quelques imbécilles et vont aujourd'hui, réduites en cendres, servir de pâture à la flamme. On se forme en cercle : le commissaire du comité de salut public de la convention parle au peuple, trace rapidement le tableau de la révolution, s'étend sur les bienfaits de l'égalité qui rapproche tous les rangs, nivèle tous les hommes et venge la classe long-temps méprisée, la classe la plus pauvre et la plus respectable. Il fait ensuite une courte oraison funèbre de la défunte noblesse qui s'étoit liguée avec la royauté et, pour se relever, avoit en dernier lieu pris le masque du fédéralisme. Il déchire le voile et fait paroître au grand jour les projets des fédéralistes, dont le but étoit de rétablir le trône. Il offre la montagne défendant les droits du peuple et sauvant la république. Les cris de *vive la Montagne*

C

retentissent. Jullien et Barrère commissaire du ministre de la marine qui l'accompagne, reçoivent chacun un cierge allumé et mettent les premiers le feu au bûcher. Le maire et les membres du district et des tribunaux concourent avec eux à la destruction de l'amas féodal dont les flammes impures s'exhalent dans les airs en noire fumée, image fidèle de la vanité qui s'en nourrit si long-temps. Le peuple alors se confond, les gardes nationales déposent leurs armes qu'ils réunissent en faisceaux, et l'on chante l'hymne de la liberté. On forme des farandoles civiques ; on danse la carmagnole : les cris de *vive la Montagne et les Sans-Culottes* animent la cérémonie. Au bruit du tambour, chacun court à son rang ; les vétérans, qui se sont dépouillés de la plume blanche pour arborer le plumet tricolore, marchent les premiers ; la garde nationale, composée des jeunes gens et des hommes faits, marche ensuite ; après vient le bataillon appelé *l'espoir de la Patrie* où sont tous les enfans dont les voix encore claires font entendre les cris multipliés qui peignent leur brûlant amour pour la république et la liberté.

Sur l'esplanade étoit une croix : on arrête qu'elle sera renversée, et qu'à la place on élévera un arbre de la liberté surmonté d'un bonnet rouge.

Au sortir de la fête, on se rend à une assemblée du peuple où le patriote JULLIEN développe de nouveau les sentimens qui doivent être communs à tous les républicains François, et électrise les citoyens.

Il parle des dangers et des trahisons qui entourent la république, et du soin qui est confié aux sociétés populaires d'arracher le vaisseau de l'état à l'orage, et de le faire entrer dans le port; il rappelle ce qu'a fait la montagne de la convention qui n'est maintenant que la convention elle-même ; elle a pris l'engagement de sauver la patrie, et tous les bons citoyens, tous les clubs doivent s'associer à cet engagement sacré ; ils ne doivent pas ignorer qu'ils ont aussi des fonctions, les plus nobles qui puissent être confiées à des mains républicaines, qu'ils ne doivent pas se borner à des vœux stériles pour le salut de leur pays, mais qu'ils sont appelés à y concourir.

Le comité de salut public a jetté un

vaste regard sur la situation de la France; et, s'il a vu d'un côté dans l'intérieur des scélérats qui provoquent la division, la discorde, la guerre civile, au dehors, de fanatiques esclaves et de fougueux tyrans coalisés pour détruire la liberté d'une nation puissante; il a vu de l'autre cette nation toute entière debout, dix-huit cens mille hommes sous les armes, vingt millions de bras prêts à se lever encore; il n'a pas craint de répondre des triomphes de la république sur tous ses ennemis. Les fruits de cette victoire de l'indépendance et des droits du peuple sur l'usurpation de la tyrannie, n'appartiendront pas seulement à la France; ils réjailliront sur le globe entier, sur tous les habitans de la terre, et les François seront les libérateurs de l'univers. Tous les trônes tomberont à la voix d'une nation libre, comme à la voix impérieuse des vents tombent les feuilles des forêts et les frêles branches des arbres; tous les tyrans seront vaincus, leur règne est passé; l'heure de la liberté a frappé sur l'horloge du monde; la dernière heure du despotisme sonne, et la résurrection des peuples est arrivée. Il recommande aux patriotes de veiller plus que jamais, de se garantir également et d'une sécurité perfide qui les plongeroit dans une fatale et léthargique inertie, et d'une désespération décourageante indigne d'hommes indépendans et fiers qui ont promis à leurs concitoyens, et n'ont pas promis en vain le triomphe de leur commune indépendance. Il les invite à se défendre d'une confiance trop entière dans un individu, parce que cette confiance pourroit dégénérer en idolâtrie, et que l'idolâtrie est la mort de la liberté, et de cette crédulité trop admissible à la calomnie, toujours empressée à recevoir et même à regarder comme vrais des rapports souvent les plus faux et les plus mensongers. Il entre dans le détail des principes sévères dont les républicains doivent s'investir. Il se livre au récit de tous les actes de dévouement civique dont il a été témoin dans le midi, dans le nord, dans tous les lieux qu'il a parcourus, où par-tout il a reconnu les vertus du peuple qu'il faut calomnier pour en dire du mal, qu'il faut égarer pour le conduire au mal.

Il insiste sur la nécessité de l'union

et du rapprochement des sociétés populaires, sur leurs droits et leurs devoirs. Peuple, rallies-toi autour d'elles; sociétés populaires, entourez-vous du peuple. Qu'il vienne à vos séances, qu'il soit dans votre sein, qu'il s'éclaire, qu'il s'électrise au milieu de vous; montrez-lui quels sont les bienfaits de la révolution, de la constitution populaire qui lui promet l'entier recouvrement de ses droits; montrez-lui les crimes de la tyrannie, du parti fédéraliste; vous avez aboli la royauté, c'est à vous de créer la république.

Après l'assemblée, bal civique où toutes les citoyennes prêtent entre les mains de JULLIEN, le serment de fidélité à la patrie. Danses prolongées dans la nuit: la danse éveille la joie et la joie donne plus d'activité au patriotisme. Cette fête n'est point inutile à la formation de l'esprit public, et c'est à dater de ce jour que les habitans d'Auray se sont rendus garans qu'on pouvoit regarder leur ville comme vraiment montagnarde et républicaine.

JULLIEN de retour à Vannes continue de m'aider dans mes opérations, et, tout le travail préparatoire étant terminé, nous proclamons un bon comité de surveillance formé des hommes les plus révolutionnaires, un nouveau district, une administration de département composée d'hommes fermes et qui ont su résister au fédéralisme. Le peuple applaudit avec transport et le jour de la destitution de ses magistrats coupables est le jour de son triomphe. Nous proclamons une organisation nouvelle de la garde nationale, qui ne compte plus dans son sein que de vrais défenseurs de la patrie. Enfin la société populaire entachée de fédéralisme est dissoute, et des commissaires patriotes en forment une nouvelle qui, composée du peuple et par le peuple, véritable fille de la montagne, sera digne de sa mère, maintiendra le bon esprit public, instruira les bons Sans-Culottes, et surveillera leurs ennemis. Des administrateurs rebelles veulent provoquer le mépris des actes que j'ai fait sanctionner par le peuple et par lesquels j'ai terrassé l'aristocratie de leur ville. Je les fais tous dans un même instant mettre en état d'arrestations et l'aristocratie, qui reposoit en eux une dernière espérance, demeure confondue, se cache et se tait.

Le comité de surveillance dresse la liste des personnes suspectes et se prépare à faire enfin exécuter la loi long-temps méconnue. La terreur doit être à l'ordre du jour contre les ennemis du peuple. Le peuple de Vannes n'est plus étranger aux mesures révolutionnaires; et tandis que les fédéralistes et les fauteurs de l'ancien régime sont réduits à la terreur qu'ils inspiroient eux-mêmes aux bons Sans-Culottes, les Sans-Culottes s'ouvrent aux doux élans d'une joie naïve et patriotique, et la ville retentit des cris de l'enthousiasme pour la liberté des républicains vertueux, long-temps opprimés et arrachés enfin à l'oppression et à la tyrannie. Je suis encore le parrain d'un républicain nouveau né auquel je donne le nom de *Pelletier*. Ainsi deux enfans, nés à la même époque, dans une circonstance heureuse pour leur patrie, offriront à la génération, qui doit suivre la génération actuelle, les noms éternellement célèbres et chers des deux représentans du du peuple les premiers immolés à la cause du peuple. La mère est encore l'épouse d'un des braves défenseurs de la patrie, d'un soldat du cent-neuvième régiment qui s'est distingué dernièrement dans la guerre de la Vendée.

Le fanatisme et l'aristocratie ont reçu des coups mortels dans la crise salutaire qui vient d'avoir lieu. Les habitans des campagnes n'ont point été oubliés : ils ont appris dans l'assemblée du peuple de Vannes, qu'ils devoient fraterniser avec les citoyens des villes et que la révolution, qu'on calomnioit à leurs yeux, étoit faite pour eux et les couvroit de ses bienfaits.

J'ai ranimé l'esprit public de la garde nationale dans l'installation solemnelle que j'ai faite de ses nouveaux officiers. J'ai vu les patriotes Bretons et ceux de Lorient remplir les airs du cri de *vive la Montagne*, et par-tout s'est manifestée la même expression de civisme et la même énergie.

Les jeunes enfans ont prêté entre mes mains, avec le ton simple et naïf de la touchante vérité, le serment d'imiter leurs pères et de servir la patrie. Ils m'ont témoigné leur joie de se voir formés en bataillons et désormais comptés pour quelque chose dans la classe des gardes nationales, défenseurs de la république. Un enfant est venu me supplier de le faire partir pour Rennes; tu seras ici, lui ai-je dit, dans le même bataillon que tes camarades; tu porteras aussi les armes. Oui, m'a-t-il répondu, mais l'ennemi vient à Rennes, et c'est à Rennes que je voudrois marcher. O! génération future, que ne promets-tu pas à la patrie?

Tels ont été les évènemens dont Vannes vient d'être témoin. Ils ont étendu leur influence jusques dans les communes du département les plus éloignées, et des clubs populaires, formés à l'imitation de celui de cette ville, nous font espérer la prompte extinction du fanatisme dans les campagnes. Ici le Sans-Culotisme seul domine maintenant; le peuple s'est élevé à pas de géant sur la montagne sainte et la république n'est plus un vain nom, la révolution est faite; Vannes aussi voudra se montrer l'un des remparts de la liberté françoise.

Le représentant du peuple PRIEUR,

ayant invité le citoyen JULLIEN, commissaire du comité de salut public de la convention nationale, de rédiger le procès-verbal des opérations auxquelles il avoit concouru avec lui, arrête que le procès-verbal rédigé par JULLIEN, sera imprimé au nombre de trois mille exemplaires, envoyé au comité de salut public de la convention nationale et répandu dans les départemens du Morbihan, du Finistère, d'Ille et Vilaine et de Loire-Inférieure.

A Vannes, ce dixième jour de la première décade du second mois de l'an deuxième de la république françoise, une et indivisible.

Signé PRIEUR (de la Marne), Représentant du Peuple.

BLAVIER, secrétaire de la commission.

Pour copie conforme.

MARC-ANTOINE JULLIEN, agent du comité de salut public de la convention nationale.

NOTE

De BARRÉ MANEGUEN, *Procureur Général Syndic du département du Morbihan.*

UN fait remarquable a été omis dans le rapport qui précède. Le représentant du peuple m'a autorisé à réparer cette omission. Je m'empresse de remplir cette tâche, vraie jouissance pour le cœur d'un Sans-Culotte sensible.

A Vannes, le 13 de ce mois Brumère, fut célébrée la fête de la Montagne. Un peuple immense y concourut. Hussards, dragons, canonniers, fantassins, toute la garnison de la ville la partagea.

L'organe tonnant de la liberté annonça la célébration. Au milieu d'un mail spacieux et très-prolongé étoit placée la statue du Sans-Culotte. Non loin d'elle avoit été dressé un bûcher. Le peuple l'entoure. La joie la plus radieuse brille sur tous les visages. Un doux murmure d'enthousiasme règne dans la fourmillière des enfans de la liberté. PRIEUR, au milieu de ses frères, redouble leur yvresse. A son exemple, ils se précipitent au bûcher, et bientôt la flamme consume et porte dans les airs les restes impurs de la féodalité. Alors des milliers de voix chantent le triomphe de la montagne, et la mort de l'aristocratie. Tous s'ébranlent; tous marchent, en continuant leurs cantiques d'allégresse, à la statue du Sans-Culotte. Là, PRIEUR électrise de nouveau leurs cœurs au feu sacré de la liberté.

O vous qui l'avez entendu à cette auguste fête, amis de l'humanité, dites combien vos âmes furent déchirées au tableau énergique et rapide qu'il vous fit des ravages des brigands, des perfides scélératesses des Lyonnois, de l'infâme trahison des Toulonnois, des horribles attentats des fédéralistes ! Il vous rappela le souvenir du secrétaire du district de Rochefort, DUQUERO. Héros de la liberté, martyr de ta fidélité à la république, DUQUERO, les Sans-

Culottes qui te survivent ont pleuré ta mort, mais c'est pour la venger! Le peuple, à la voix de PRIEUR, a consolé ta vertueuse épouse. Il a voté l'adoption de tes enfans.

Signé BARRÉ MANEGUEN,
Procureur Général Syndic.

A VANNES,
CHEZ L. BIZETTE, Imprimeur du Département du Morbihan.

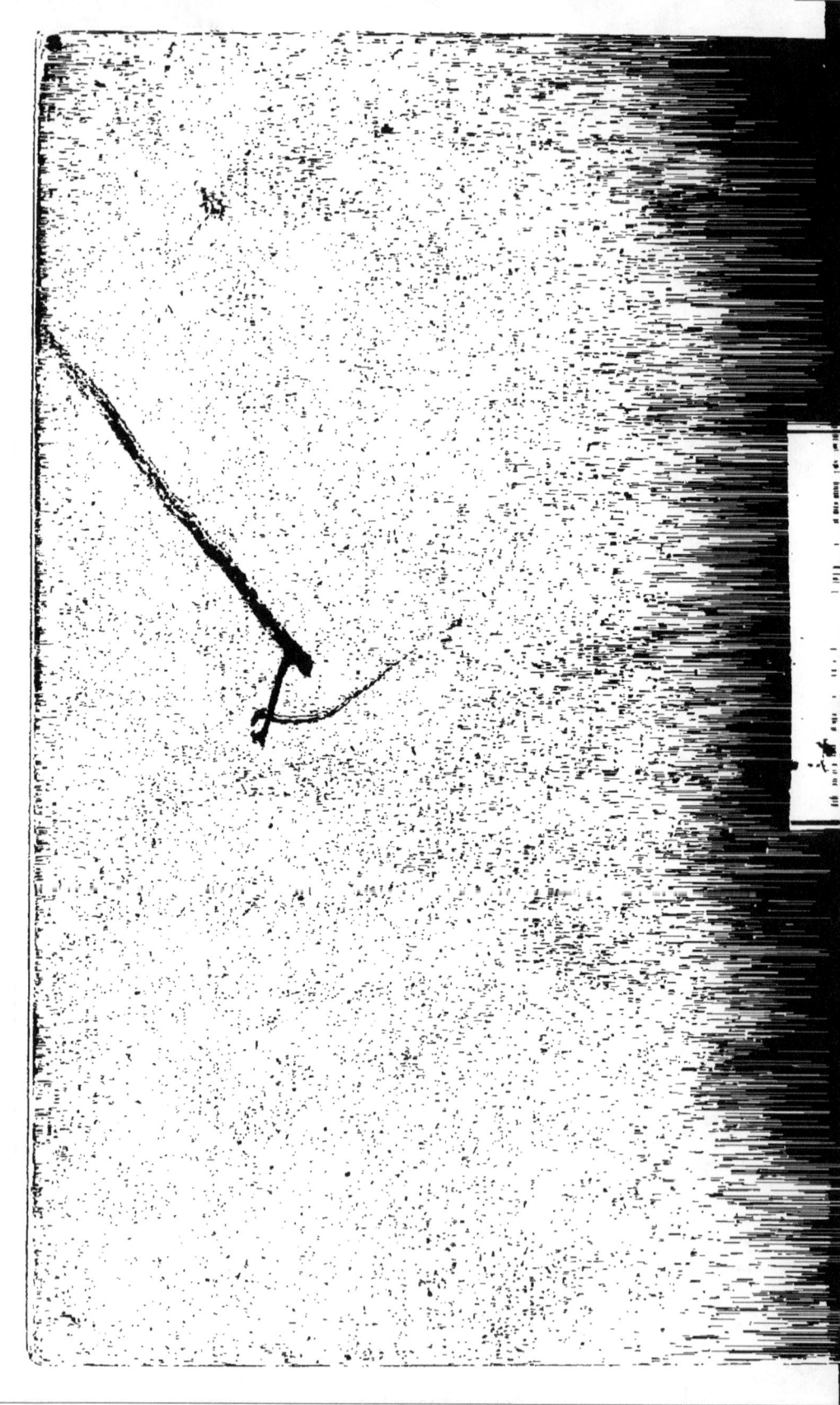

www.ingramcontent.com/pod-product-compliance
Lightning Source LLC
Chambersburg PA
CBHW061011050426
42453CB00009B/1370